PUBERTAD POSITIVA PARA CHICAS

Barbara Pietruszczak
Ilustrado por Anna Rudak

HACIA LA ADOLESCENCIA:
GUÍA DE LOS CAMBIOS EN EL CUERPO,
LA PRIMERA REGLA
Y LA POSITIVIDAD CORPORAL

Editorial el Pirata

PUBERTAD POSITIVA PARA CHICAS
HACIA LA ADOLESCENCIA: GUÍA DE LOS CAMBIOS EN EL CUERPO,
LA PRIMERA REGLA Y LA POSITIVIDAD CORPORAL
Autora: Barbara Pietruszczak, 2021

1.ª edición en castellano: noviembre de 2023

Título original: *Twoje ciałopozytywne dojrzewanie.*
Przewodnik po zmianach w ciele, pierwszej miesiączce i ciałopozytywności
Editorial original: Moonka, Poland
Text © copyright de moonka 2021
Ilustraciones © copyright de moonka 2021
Ilustraciones y diseño de portada: Anna Rudak, 2021
Traducción del polaco: Joanna Ostrowska
Asesoramiento: Dra. Hanna Szweda

Esta publicación ha recibido el apoyo
de ©POLAND Translation Program

Con el apoyo de:

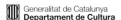 

Este libro es un manual. La información que contiene tiene carácter didáctico. Su conteni-do fue revisado por médicos; entre ellos, una ginecóloga.
Consideramos importante que el mayor número de personas posible tenga acceso a in-formación precisa sobre la pubertad y pueda conocer la positividad corporal; por eso no hay problema si quieres compartir fragmentos de este libro. Recuerda señalar siempre que provienen del libro *Pubertad positiva para chicas*, de Barbara Pietruszczak. Sin embargo, no consentimos que se copie y difunda el libro entero. Dirígete a CEDRO en este caso.

Te dedico este libro a ti.
Y a todas las demás chicas.

B. P.

índice

¿Preparada para entrar en detalles? Este capítulo te informará sobre los cambios más importantes que vas a atravesar durante la pubertad: desde el crecimiento de los pechos hasta la primera regla.

Saber decir «no» y expresar tu opinión es un gran poder. El capítulo 4 te explicará por qué y cómo utilizarlo durante la pubertad.

La pubertad es un periodo de intensos cambios durante el cual puedes aprender algo muy útil: cómo cuidarte a ti misma. En esta sección del libro encontrarás una lista de ideas que puedes aprovechar cuando lo necesites.

¿Cuándo termina la pubertad? ¿Y cómo saber que ya lo ha hecho? El capítulo 9 te invitará a reflexionar sobre ello y a buscar tus respuestas.

introducción

¡Hola! Me llamo Barbara y soy periodista. Mi trabajo consiste en escribir, leer y hablar con la gente sobre temas que me interesan mucho. Cuando algo me apasiona, no soy capaz de centrarme en otra cosa. Soy así. Y mi tema favorito es, sin duda, ¡el cuerpo humano! Y los perros, pero esa es otra historia...

Me maravilla todo lo que podemos hacer gracias al cuerpo, cómo funciona y cómo está conectado con la mente, las emociones y los sentimientos. Creo que la comprensión de nuestro cuerpo es una forma de poder, porque nos ayuda a entendernos mejor a nosotras mismas. Sobre todo durante la pubertad, cuando todo empieza a cambiar.

A veces, los cambios ocurren tan rápido que es difícil seguirnos el ritmo y tenemos que aprender de nuevo nuestro cuerpo. Por eso he escrito este libro. Para ayudarte a domar la pubertad, pero sobre todo para darte algunas pistas sobre cómo conocer tu cuerpo. En realidad, a ti misma. Para que puedas sentirte cómoda en tu propia piel.

Espero que este libro te sirva como guía a través de este periodo extraordinario. ¡Disfruta de la lectura!

Barbara

¿Cómo leer este libro?

¡Como quieras! Quizá te apetece leerlo sola, ¿o igual prefieres hacerlo con alguien? Tú decides.

Sin embargo, si hay algo que no comprendas o si te gustaría saber más, pregunta a uno de tus padres, a un familiar o a otra persona de confianza.

Si alguna palabra del vocabulario del cuerpo no está clara, mira los dibujos de anatomía del capítulo 6.

En este libro escribo sobre las chicas. Si no te sientes una chica, pero los cambios que describo se aplican a ti, sigue leyendo y toma de este libro **lo que necesites**.

No tengas prisa al leerlo. En las siguientes páginas encontrarás mucha información. Puedes absorberla en raciones pequeñas y centrarte solo en lo que te interese. A no ser que te encante leerlo todo de cabo a rabo. ¿O prefieres hacerlo de una manera totalmente diferente? ¡Hazlo como te sea más cómodo!

Una cosa más. **Si te apetece, escribe en este libro, subraya y marca lo que te interesa.** A mí me gusta mucho resaltar en los libros las cosas que son importantes para mí o que me parecen especialmente curiosas; también escribo muchas notas en los márgenes… ¡Esta guía es tuya!

CAPÍTULO 1

Bienvenida a casa

Tu cuerpo es tu casa. Vives en cada uno de sus rincones. Tanto en el dedo meñique del pie como en el ombligo. En el pelo y en las nalgas. En los intestinos, los pulmones y la garganta. Cada lunar, cada marca, cada cicatriz: ¡esa eres tú! Toda perfecta, excepcional y única.

Eres tu cuerpo. Gracias a él puedes saltar, correr, escribir y cantar. Percibir el sabor de un delicioso pastel, del olor de las flores y del calor de los abrazos. Leer, tomar el sol, nadar.

Recordar lo que puede hacer tu cuerpo es la **positividad corporal**. Es decir, una actitud positiva hacia tu cuerpo: ¡apreciarlo, respetarlo y sentirlo!

En este libro conocerás métodos para cultivar y desarrollar esta habilidad.

Empecemos por un pequeño ejercicio. ¿Sabrías decir qué puedes hacer gracias a tu cuerpo? Piénsalo y escríbelo en la página de aquí al lado. Intenta enumerar no solo las actividades que amas, sino también aquellas que son tan cotidianas que ni siquiera te das cuenta de ellas. Esta lista te servirá como una chuleta cuando te olvides —y creo que nos pasa a todas— de lo maravilloso que es tu cuerpo.

Gracias a mi cuerpo puedo:

....

....

....

....

....

....

....

....

....

....

Tu cuerpo está construido con pequeños ladrillos: las células. Son ellas las que forman los huesos, el cerebro, la sangre, la piel, el pelo y todo lo demás. ¡Incluso el sistema inmunitario!

Las células se distinguen entre sí por su tamaño y su forma. Algunas se parecen a unos buñuelos diminutos (los glóbulos rojos), y otras, a unas cometas (las células del sistema nervioso).

Todas son tan pequeñas que solo se pueden ver con un microscopio. La más grande es el óvulo femenino. Recuérdalo: volverá a aparecer más veces en este libro.

¿Sabías que...?

Existen elementos todavía más pequeños que las células. Todo el universo —los planetas, los cometas, la Luna y la Tierra— está formado por las mismas pequeñas partículas llamadas *átomos*. Tú y tu cuerpo también estáis formados por ellos. ¡Se puede decir que vienes de las estrellas!

En tu cuerpo todo está conectado entre sí: los sentimientos y las emociones influyen en tu nivel de energía y en cómo te sientes físicamente. El dolor del cuerpo y la enfermedad, sobre todo si dura mucho tiempo, afectan tu estado de ánimo. Las preocupaciones o los nervios se manifiestan con el dolor de barriga; el enfado, con el dolor de cabeza; y la alegría, con una sensación de ligereza física. **En cuanto puedas, escúchate atentamente a ti misma, a tu cuerpo.**

CAPÍTULO 2

¿Qué es la pubertad?

La pubertad es el periodo en el que en el cuerpo —en tu casa— se llevan a cabo las obras de ampliación y una gran renovación de mobiliario. **¡Una verdadera revolución dirigida por la madre naturaleza!** Todo ello para empezar a sustituir un cuerpo de niña por un cuerpo de persona adulta.

Es un proceso llamado *adolescencia inicial* o *temprana*, o, de modo muy formal, *pubescencia*. Lo atraviesan tanto las chicas como los chicos, aunque cada sexo lo hace de manera propia y única.

En las niñas la pubertad suele empezar entre los ocho y trece años, y dura de tres a seis años.

Durante este tiempo, tu cuerpo experimentará grandes y a veces muy intensos cambios, que te afectarán a ti, a tus emociones y a tu mentalidad; por ejemplo, cómo te percibes o qué piensas sobre los demás y sobre el mundo.

¿Sabías que...?

En muchas culturas del mundo, la pubertad es especialmente importante, y por eso viene acompañada de los ritos de paso: rituales que separan la niñez de la edad adulta. Los niños suelen abandonar a su familia y a su comunidad durante varias semanas o meses. En ese periodo los

ancianos de la tribu les enseñan las cosas más importantes y los someten a varios desafíos para poner a prueba su fuerza y su resistencia. Al superar todos los retos, la persona vuelve a la comunidad, y a partir de entonces es considerada un adulto. Su regreso es un acontecimiento importante, celebrado con un baile conjunto que dura toda la noche.

En la tribu vhavenda de África del Sur, a las niñas que ya han tenido su primera regla las instruyen sobre el matrimonio, el sexo, el embarazo y el nacimiento del bebé durante tres meses. En la cultura vhavenda, la fertilidad la simboliza una pitón. Por eso, al final de este ritual de paso se organiza la danza de la pitón, que dura varias horas. De esta manera, las niñas celebran los cambios en su cuerpo.

Es un momento realmente excepcional de tu vida. Algo así como una etapa importante de un gran viaje. Y para este viaje —como para todos los viajes a lo desconocido— una puede prepararse un poco. Echa un vistazo al mapa.

Mapa del viaje, paso a paso
¿Qué ocurre?

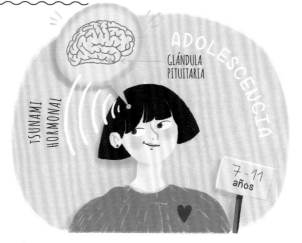

7-11 años

¡Empieza el tsunami hormonal! La glándula pituitaria segrega las hormonas que mandan crecer a los ovarios para producir... ¡aún más hormonas!

Tres, dos, uno... ¡Arranca la adolescencia!

9-14 años

¡Salto de altura! Estás creciendo todavía más que hasta ahora —sobre todo un año antes de la primera regla—. ¡En doce meses puedes crecer hasta catorce centímetros!

Poco a poco empiezan a crecerte los pechos. Se habla del desarrollo de los senos.

10-16 años

¡Montones de pelos! Los de las piernas se hacen más oscuros, y puede que te salgan más. Además, aparecen en lugares nuevos: en las axilas y en el pubis, o sea, alrededor del sexo. Suele ocurrir un año, o un año y medio, después del comienzo del desarrollo de los pechos.

9-16 años

¡Primera regla! Suele llegar dos años después de que te hayan empezado a crecer los pechos.

El proceso de crecimiento del cuerpo se ralentiza. Después de la primera regla, las chicas todavía crecerán, de media, siete centímetros.

13-18 años

¡A echar humo por la cabeza! Tu cerebro crece y empiezas a percibir de manera diferente tus emociones y tus relaciones con la gente. Tus pensamientos se vuelven más complejos, aprendes a reflexionar sobre cosas complicadas y aumentas tu capacidad de observación. El cerebro es el órgano que tarda más en desarrollarse. ¡Estará completamente formado más o menos por tu vigesimoquinto cumpleaños!

Ahora vamos a recorrer paso a paso cada etapa, para que nada te sorprenda. ¿Lista? ¡Empezamos!

CAPÍTULO 3

¿Qué cambia?

La pubertad empieza con un acontecimiento invisible para el ojo humano: la glándula pituitaria se activa y comienza a segregar **hormonas**. Son unas sustancias extraordinarias que actúan como mensajeros: viajan junto con la sangre por todo tu cuerpo y transmiten mensajes con las órdenes —qué hacer o qué no hacer— a diferentes células y órganos.

Las hormonas de la glándula pituitaria lle-
gan hasta el bajo vientre, donde dormitan
los ovarios —pequeños órganos de los que
sabrás más en las siguientes páginas—,
para ordenarles crecer y… ¡producir más
hormonas! Las que producen los ovarios
se llaman *hormonas sexuales*,

que se dispersan por todo el cuerpo. Al fin y al cabo, tienen mucho que transmitir; a las hormonas les gusta mandar. **¡Y así comienzan los grandes cambios!**

Todo crece

Decir que estás creciendo como la espuma es poco. **Entras en el periodo del llamado *crecimiento acelerado*.** Los médicos lo denominan *estirón puberal*, ¡como si te estuvieras alargando! Hasta este momento has crecido a esta velocidad solo una vez: cuando tenías dos añitos. ¡Ahora en un año te puedes estirar incluso catorce centímetros!

Recuerda que cada una cambia a su ritmo.

No todas crecen dando estirones, o sea, mucho en poco tiempo; algunas crecen poco a poco. Y las niñas suelen empezar la pubertad antes que los niños.

Rasgos del rostro

Tu rostro también cambia. La nariz crece, la frente se hace más amplia, y la barbilla, más marcada. Toda tu cara se transforma despacito y empieza a ser más adulta.

¡No todo al mismo tiempo!

Diferentes partes del cuerpo no tienen por qué desarrollarse al mismo ritmo. ¡Y no van a hacerlo! **Al principio crecen los pies y las manos:** tus padres se preguntarán cómo es posible que los zapatos que

acaban de comprarte ya te queden pequeños. Muy a menudo los brazos y las
piernas se estiran antes que el resto del
cuerpo.

Muchos cambios

En la pubertad todas nos sentimos
incómodas. Los cambios que ocurren son
emocionantes, pero a ti te pueden parecer inquietantes, molestos o simplemente

extraños. La buena noticia es que no todo sucede al mismo tiempo, así que tienes bastante tiempo para acostumbrarte a los cambios y redescubrirte.

¡MI CUERPO ES INTELIGENTE Y SABE LO QUE HACE!

Tu cuerpo es inteligente y sabe lo que hace. Confía en él y deja que te guíe.

Forma del cuerpo

Aparte del cambio en tu altura, puedes ver que se te ensanchan las caderas. Tu pelvis crece a los lados, hasta llegar poco a poco a su tamaño adulto. La pelvis femenina es más ancha que la masculina porque son las mujeres —si deciden ser madres— las que llevan al bebé en el vientre y dan a luz.

Cambiarán también tus muslos, tus nalgas y tu vientre: pueden hacerse más blandos y más redondeados gracias al tejido graso que se acumula bajo la piel. Las mujeres tienen más grasa que los hombres porque es allí donde se almacena la energía imprescindible durante el embarazo. Además, el tejido graso es importante y necesario para el reino de las hormonas, que dirige muchos procesos en el cuerpo.

Aunque durante la pubertad cada chica experimenta cambios similares, no todas seréis iguales. De hecho, las mujeres adultas —incluso de la misma edad— también son diferentes. Una puede ser alta y esbelta, otra baja y rolliza, y otra alta, con caderas anchas y pechos pequeños… Somos diferentes y así debe ser.

No existe un solo molde al que se adapten todas las mujeres o todas las chicas del mundo.

Pechos

El crecimiento de los pechos es el primer signo de la pubertad. Piensa en ello como en una golondrina: aunque todavía no sea verano, anuncia que pronto todo alrededor va a florecer.

O sea, ¡tú! Tú misma te darás cuenta cuando ocurra: la zona donde tienes los pezones se elevará ligeramente y puede que te duela un poco. Lo notarás probablemente entre tu noveno y decimocuarto cumpleaños.

A cada chica le sucede a su tiempo y a su ritmo, y los senos que se están desarrollando pueden tener diferente tamaño. **¡Incluso las mujeres adultas a menudo tienen un pecho un poco más grande que el otro!**

Antes de que tus senos se desarrollen por completo, pueden pasar tres, cinco o más años. Cada caso es único.

Recuerda: estás creciendo a un ritmo que es el mejor para ti. Tu cuerpo es inteligente y sabe lo que hace.

¿Por qué algunos pechos son pequeños y otros muy grandes?

El tamaño y la forma de los senos en gran parte se heredan. Esto quiere decir que puedes tener los pechos del mismo tamaño que tu madre, tu abuela o tu hermana.

En cuanto a la lactancia, cada tamaño de pecho vale. Tanto los senos muy pequeñitos como los muy grandes pueden producir leche.

El aspecto de los senos cambia incluso en las mujeres adultas. Depende de varios factores: los cambios del peso, el embarazo, la lactancia y el paso del tiempo.

¿Para qué necesitan pechos las mujeres?

Las mujeres tienen senos para poder producir leche y alimentar a sus hijos. Es común en todos los mamíferos, es decir, los animales cuyas crías se alimentan mamando. ¡Pertenecemos al mismo equipo que los gatos y las ballenas! A los chicos no les crece el pecho, aunque ellos también tienen pezones.

La leche del pecho es la mejor y la más nutritiva comida para bebés y niños pequeños. Los senos empiezan a prepararse para producir leche durante el embarazo, para suministrarle el mejor alimento al bebé cuando nazca. O mejor dicho: comida, bebida y un montón de ingredientes sanos, todo a la vez.

¿Sabes quiénes eran las nodrizas?

Antiguamente, existía el oficio de nodriza: una mujer empleada —normalmente por familias ricas— para alimentar con su leche a niños de otros. Sus madres biológicas a veces no podían hacerlo o querían tener otro hijo cuanto antes, y durante la lactancia es más difícil quedarse embarazada.

Acerca de los pezones

Cuando empiecen a crecerte los pechos, notarás además que se están transformando tus pezones. Pueden abultarse, hincharse, o pueden también cambiar de color. Es posible que alrededor te salgan algunos pelillos. **Es algo totalmente natural.**

Los pezones pueden ser muy diferentes, aunque a veces ni siquiera las mujeres adultas lo saben. Es porque en las películas y en las fotos predomina un solo tipo de senos: con pezones protuberantes. Se vuelven así con el tacto o con el frío, pero en «estado de descanso» se ven distintos: relajados y blandos.

Primer sujetador

Muchas mujeres usan sostén por estética o por comodidad: les sirve de apoyo, porque los pechos pueden pesar bastante y molestar, sobre todo al hacer deporte.

Es importante elegir bien el sostén —la ropa que «llevan» los senos— para aliviar la espalda. ¿Otras ventajas de los sujetadores? ¡En invierno te darán calor! Los pechos, igual que la nariz y las orejas, sobresalen del cuerpo y pueden pasar más frío.

Cuando tus pechos empiecen a aumentar, puede que sientas la necesidad de comprar tu primer sujetador. Las chicas suelen tener curiosidad por saber cómo es llevar a diario este tipo de ropa. Si crees que ya estás lista, habla con tu madre, tu padre u otra persona cercana con la que tengas confianza. Podéis ir juntos a la tienda o mirar diferentes tipos de sujetadores por Internet y elegir alguno para probar.

Usar o no sujetador es decisión de cada mujer y cada chica. Algunas lo consideran innecesario, para otras es un elemento importante de la ropa interior y les gusta llevarlo. **Cada una de nosotras lo ve diferente, ¡y eso está bien!**

¿Cómo calcular la talla de sujetador?

¿75C? ¿90A? No se trata del juego de hundir la flota, sino de los ejemplos de las tallas de los sostenes. La letra corresponde al tamaño de la copa en la que se pone el seno y el número marca el contorno por debajo del pecho.

A partir de cierto momento, puedes necesitar un sujetador para las clases de Educación Física o, en general, para hacer deporte. Cuando corres o saltas, tus pechos se mueven contigo de manera natural, y no a todas nos resulta cómodo.

En las cadenas de ropa se pueden comprar sostenes en tallas estándar: XS, S, M, L y XL. **Es importante que elijas un sujetador cómodo.** Si te aprieta mucho, escoge otro. Lo ideal es ir a una tienda donde trabaje una especialista en tallas de sujetadores, que seguro que te podrá ayudar a elegir el mejor para ti.

Peso

El crecimiento de los huesos, el desarrollo muscular y la acumulación del tejido graso hacen que tu peso empiece a aumentar. **Es algo completamente natural; me gustaría que lo tuvieras en cuenta.** Algunas chicas creen que subir de peso está mal y cambian su forma de comer. Pero piensa que ahora mismo lo más importante para ti y para tu cuerpo es una dieta sana

y equilibrada para que puedas crecer correctamente. ¡Por eso en el capítulo 8 te
voy a revelar cómo comer un arcoíris!

Los cambios de peso no siempre tienen que
ver con la dieta: pueden estar causados por
un desequilibrio en el reino de las hormonas o por la falta o el exceso de actividad
física. **Sin embargo, si algo en tu peso te
inquieta —por ejemplo, si crees que pesas
poco o demasiado—, cuéntaselo a tus padres.** Podéis ir juntos al médico para comprobar si todo está en orden.

Estrías

Puede pasar que, cuando pegues un estirón,
tu piel no sea capaz de seguirte el ritmo.
Después de todo, ¡tiene que estirarse con
bastante rapidez para dar cabida a todo tu
cuerpo de adolescente! Entonces a veces en
las caderas, las nalgas, los muslos y también
la espalda aparecen unos estampados claros
o de color rosa. Son las estrías: zonas en las
que la piel ha tenido que tensarse y casi se
ha abierto. Se forman también en el vientre

y en los senos, y no solo en la pubertad. Se observan, por ejemplo, durante el embarazo, después de un cambio brusco de peso o de un entrenamiento intenso. **Algunas mujeres las llaman *rayas de tigre* y las llevan como si fuera un estampado bonito y único.** ¡Los hombres también las tienen!

Celulitis

Es el **tejido graso natural**, que da a la piel un aspecto ondulado. Se nota sobre todo en los muslos, las nalgas, el vientre y los antebrazos.

La celulitis es una cosa natural y la tienen la mayoría de las mujeres del mundo.

Lamentablemente, muchas mujeres la consideran un defecto, persuadidas por los anuncios publicitarios y la gente que gana dinero vendiendo remedios que prometen «combatir la celulitis». Si alguna vez oyes algo así, por favor, recuerda que tu cuerpo no es tu enemigo y no hace falta combatirlo.

Sebo, granos y todo lo demás

En tu piel hay un montón de glándulas, pequeñas estructuras que fabrican distintas sustancias; por ejemplo, las lágrimas,

el sudor o el sebo. Algunas glándulas se activan durante la pubertad, como las glándulas sebáceas.

El sebo es una especie de aceite **cuya función es proteger e hidratar la piel** para que sea blandita y no se agriete. Cuando entras en la pubertad, tu organismo todavía está aprendiendo cómo regular la producción del sebo y a veces lo fabrica en exceso; por eso tu piel y tu pelo se engrasan con más facilidad.

A veces el sebo tapa los poros, pequeños agujeritos en la piel que le permiten respirar, lo que provoca la aparición de los granos. Es un elemento típico —y odiado— de la pubertad... Los granos suelen salir en la cara, pero les gustan también la espalda y el escote. Normalmente, basta con no tocarlos, lavar estas zonas con un jabón suave y tener paciencia. Sin embargo, si tienes muchos granos o son dolorosos, deberías ver a un médico especialista en la piel: a un dermatólogo o una dermatóloga.

Recuerda: las manchas rojizas y los granos son algo normal. A veces es difícil dejar de pensar en ellos, sobre todo cuando duelen y molestan. Pero, al mirarte, tus amigos no ven los granos, sino a una persona que les cae bien.

Por desgracia, a los granos les gusta volver, ¡también en el caso de los adultos! **Un par de granos le pueden salir a cualquiera, de vez en cuando.**

Sudor

Las glándulas sudoríparas tienen forma de pequeños tubitos por los que el sudor sale a la superficie de la piel. Están repartidas por todo el cuerpo, pero **se concentran sobre todo en los pies, las manos y la cabeza.**

La pubertad
implica sudar más.

Lo notarás no solo cuando corras o tengas calor, sino también cuando estés asustada, nerviosa, entusiasmada o enfadada. Tus axilas, tus ingles —las partes del cuerpo entre los muslos y el vientre— y tu entrepierna sudarán más que antes. Es algo natural, y una puede acostumbrarse a ello.

Además, tu sudor olerá diferente: más fuerte. Este olor desagradable es consecuencia de la degradación del sudor que causan las bacterias que viven sobre la piel —pero tranquila, esas bacterias deben estar ahí—. ¡Así funciona el cuerpo de un adulto! Para evitar el tufillo, **basta con ducharse cada día**.

Puede que en algún momento quieras comprarte un desodorante —que cubre la piel con otro olor— o un antitranspirante —que frena la secreción de sudor—. Elige el que más te guste o mira cuál usan tu madre o tu hermana mayor.

En las ingles sudadas no se aplica ningún cosmético: es suficiente con lavarse y cambiar de ropa interior a diario.

Pelos

En la pubertad, los pelos aparecen en sitios donde antes no los había. A veces crecen todos juntos, pero también **es posible que un «explorador» abra el camino** y que solo después lleguen los demás.

Los pelos nuevos salen **en las axilas y en las partes íntimas**; estos últimos se llaman *vello púbico*. Crecen en el pubis, en las ingles y alrededor del ano, y pueden llegar hasta el vientre y el ombligo. Una de sus funciones es proteger de los roces.

Además, pueden aparecer más pelos en la cara —por ejemplo, encima del labio superior, debajo del inferior o en las cejas—, así como en las piernas, los brazos y los pies; y los que ya están allí **a menudo se vuelven más oscuros y un poco más rígidos**. La producción de hormonas que conlleva la pubertad puede hacer que los pelos salgan también de los lunares y las verrugas. Algunos pelillos sueltos aparecen también alrededor de los pezones.

Tus pelos nuevos pueden ser del mismo color que el pelo de la cabeza. Pero en algunos casos son más oscuros o más claros. **Recuerda que es diferente en cada chica y que cada cuerpo es distinto.**

¿Sabías que...?

Depilarse las piernas, las axilas o las ingles es algo nuevo en la cultura occidental. **Hace apenas cuarenta años, la mayor parte de las mujeres no lo hacía.** Fueron las revistas y los fabricantes de maquinillas de afeitar y depiladoras quienes nos convencieron de que los cuerpos femeninos deberían estar lisos. Difundieron esta imagen para que las mujeres empezaran a comprar sus productos.

Las películas, los anuncios e incluso Instagram y TikTok muestran en su mayoría los cuerpos femeninos depilados, o sea,

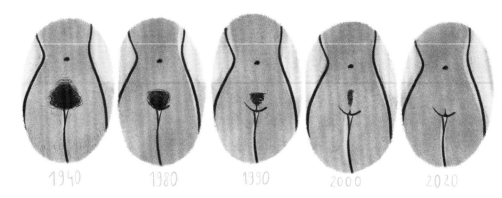

1940   1980   1990   2000   2020

sin vello. Por eso a lo mejor piensas que todas las chicas y mujeres tienen que verse así. ¡Pero no es verdad!

El vello corporal se puede eliminar o se puede dejar. Quiero que sepas que tú eliges, igual que en todo lo que se refiere a tu cuerpo. Lo más importante es que, cuando decidas depilarte las piernas, reflexiones si lo haces porque quieres o por los comentarios de los demás. Aquí no hay una respuesta fácil.

La mayoría de las mujeres que conozco han descubierto lo que prefieren solo después de algún tiempo. Algunas no se depilan y otras lo hacen únicamente en verano. Unas se eliminan solo los pelos de las pantorrillas y otras se hacen una depilación definitiva de piernas completas, pero no se afeitan las axilas. **¡Hay muchas opciones!**

Flujos y olores de la vagina

Vagina o partes íntimas. Pero también puede denominarse *sexo*. ¿O usas algún otro nombre? Es un canal localizado por debajo del sitio por donde haces pis. Más adelante leerás de nuevo sobre él.

Vulva, labios o sexo. Son tus
órganos genitales externos.
O sea, todo lo que se ve por fuera.
Puedes llamarlos como quieras,
¡incluso inventar tu propio nombre!
Lo importante es que te sientas
cómoda al decirlo.

Si ves en tus bragas una sustancia blan-
quecina, ¡no te preocupes! **Su aparición
significa que tu cuerpo está ejecutando
su plan y que dentro de un tiempo —de
unos meses a un año— tendrás tu primera
regla.**

Cuando empieces a menstruar, tu vagina
producirá diferentes flujos, a veces de color crema, otros días parecidos a la clara
de huevo. ¡Así debe ser! **Cuando leas sobre el ciclo menstrual, busca la relación
entre esos flujos y las fases de tu ciclo.**

Seguramente notarás que cambia también el olor de tu vagina. Es algo totalmente natural. **Te animo a observarlo:** con el tiempo aprenderás cuál es tu aroma y solo por el olor podrás saber si algo va mal.

Quiero que recuerdes que la función de la vulva es oler a vulva, y no a flores, por ejemplo. No necesitas ningún gel específico, es suficiente lavarla con agua. Es importante que limpies solo la parte exterior. ¡La vagina —lo de dentro— **fue diseñada por la madre naturaleza de tal manera que es perfectamente capaz de cuidar de sí misma!**

¿Estás lista para seguir el viaje? Es hora de descubrir cómo hacerte más fuerte ante todos estos cambios, para sentirte bien y construir una actitud positiva hacia tu cuerpo.

CAPÍTULO 4

¡Hazte más fuerte!

Cuando entras en la pubertad, la gente empieza a mirarte diferente y los cambios que experimentas llaman su atención. No es nada extraño. Hace nada eras peque- ñita y ahora te estás convirtiendo en mujer.

Algunas personas —tanto adultos como niños— comentarán tu aspecto. A veces de manera simpática y constructiva que te hará sentir una chispa de satisfacción y orgullo, pero también puede que oigas palabras hirientes y fuera de lugar, que no deberían decirse. Recuerda: **estos comentarios no te desacreditan a ti, sino a las personas que los hacen**. Igual no saben cómo comportarse y, sobre todo, no entienden que las palabras pueden herir y avergonzar.

Siempre tienes
derecho a no tolerar
el trato que no te gusta
y decirlo en alto. Es una
habilidad que se puede
practicar. Vale la pena
hacerlo: de este modo
cuidas de ti misma
y señalas a los demás
que tienes límites
que no se pueden cruzar.

Observa los ejemplos de abajo:

1. En una fiesta de cumpleaños, tu tía dice en presencia de toda la familia:

—Ana, cómo te han crecido las tetitas. ¡Te estás convirtiendo en una mujercita!

Ana no quiere que su tía haga estos comentarios. Le da rabia que haya mencionado un tema tan íntimo para ella. Puede contestar:

—Tía, es un asunto íntimo. No quiero que me hables así.

2. Una amiga a Ana:

—Te queda mal ese vestido. Yo jamás me lo pondría.

—Si no te gusta, vale, pero puedes expresarlo de otra manera. A mí me gusta cómo me queda.

3. Un hombre en la calle:

—¡Bonitas piernas!

Ana se aleja de inmediato, y ya en casa les cuenta a sus padres lo que le ha pasado.

Si se te acerca un desconocido, no es el momento de poner los límites y decir «no». Lo más importante es tu seguridad y tu bienestar, por eso deberías alejarte inmediatamente.

Cada situación es diferente.
Observa qué sientes
en distintos momentos y
confía en esos sentimientos:
ellos te indicarán qué es
bueno para ti y qué no.

Ensaya aquí abajo algunas
respuestas que te puedan
servir en situaciones similares:

. . . .

. . . .

. . . .

. . . .

. . . .

. . . .

. . . .

. . . .

. . . .

. . . .

. . . .

Un poco más sobre decir «no»

A las chicas a veces nos cuesta decir «no» y poner límites. A lo mejor porque los adultos, sin darse cuenta, repiten a menudo que las niñas deberían ser amables, ayudar a otros y sonreír. Esas son unas cualidades estupendas, por supuesto, pero también **es importante la capacidad de expresar tu opinión, cuidar de ti misma y atender tus necesidades**. Para conseguirlo, hay que **saber decir «no»**.

Practica escucharte a ti misma

Muchas chicas y mujeres, cuando ocurre algo inquietante, no saben confiar en sus instintos; creen que ha sido solo una impresión suya o que en realidad no ha pasado nada. Y es sumamente importante que en cada momento seas capaz de pararte y comprobar qué sientes. Incluso puedes decirte: «Lo que me pasó no estuvo bien. No fue solo una impresión mía. Tengo derecho a sentirme triste, enfadada o herida».

Esto se aplica, por ejemplo, a comentarios o comportamientos de personas tanto cercanas como desconocidas. Confía en ti y en lo que sientes.

Importante: no te guardes
dentro los sentimientos
y las emociones difíciles.
Compártelos con alguien
de confianza; a ser posible
con un adulto.

Tu cuerpo es maravilloso.
Y es solo tuyo.

¡Recuerda que nadie tiene derecho a tocarte sin tu permiso! Ni las partes íntimas —vulva, nalgas, vagina, pechos— ni tan siquiera el dedo del pie, si no lo deseas.

CAPÍTULO 5

¿Cómo te ves a ti misma?

¿Has pensado alguna vez en por qué ves las cosas? **Por supuesto, para mirar, hacen falta los ojos, pero... ¡no son ellos los que ven!**

La imagen de lo que estás mirando se crea en **tu cerebro**. Los ojos solo le aportan información. **Compruébalo tú misma:** estira la mano derecha, levanta el dedo índice y míralo, cerrando alternativamente el ojo derecho e izquierdo. Dependiendo del ojo con el que mires, verás el dedo un poco diferente, ¿verdad? **Tu cerebro va a juntar la información** proveniente de los dos ojos y crear la imagen de lo que estás viendo.

¡Pero eso no es todo! **También nuestros pensamientos y sentimientos influyen en el qué y cómo miramos.** Imagínate que a tu amiga le encantan las ratas como mascotas y que tú las odias. Estáis mirando juntas una bonita foto de pequeñas ratitas. A ella la foto le parece una maravilla porque le gustan las ratas, pero a ti te da asco. Y, aunque aprecias la toma, no eres capaz de mirar la foto mucho rato. Simplemente, no te gustan las ratas.

Aunque tu amiga y tú **estáis mirando lo mismo, veis algo un poco diferente.**

Es porque cada persona tiene sobre la nariz —o más bien, en el cerebro— unas **«gafas invisibles»** a través de las cuales conoce el mundo. **Estas gafas están construidas a partir de los pensamientos y los sentimientos, de la sensibilidad y del conocimiento, de las experiencias y las observaciones.** Eso significa que pueden ir cambiando junto con la persona. Imagina que un día empiecen a gustarte las ratas... ¡De repente comenzarías a mirar sus fotos de otra manera!

¿Qué es la imagen corporal?

La imagen corporal son los pensamientos y los sentimientos que tienes sobre tu cuerpo y tu aspecto. Son unas **«gafas invisibles» especiales a través de las cuales te miras en el espejo.**

Cuando piensas cosas buenas sobre ti misma y te sientes bien en tu propia piel, tu **imagen corporal es positiva**. Pero, cuando tu cabeza se llena de pensamientos críticos sobre cómo te ves, **la imagen es negativa**.

La imagen corporal cambia a lo largo de la vida y tú misma puedes moldearla activamente.

Mirar con los ojos de los demás

Cada día tienes muchas ocasiones para mirar el mundo con los ojos —¡o más bien los cerebros!— ajenos. Diferentes medios, como **libros, películas, series, periódicos, pero también Snapchat, Instagram o TikTok, te enseñan las perspectivas —maneras de mirar— de otra gente.** Una mirada ajena puede ser genial e inspiradora, pero también engañosa e incluso perjudicial. En Internet puedes encontrar una entrada cuya autora estará convenciéndote de que algunas personas son peores que otras —y no lo son, todos somos igual de importantes—, que decir palabrotas te hace «guay» o que para las mujeres es muy importante ser guapa, y eres tú la que decide lo que es importante para ti.

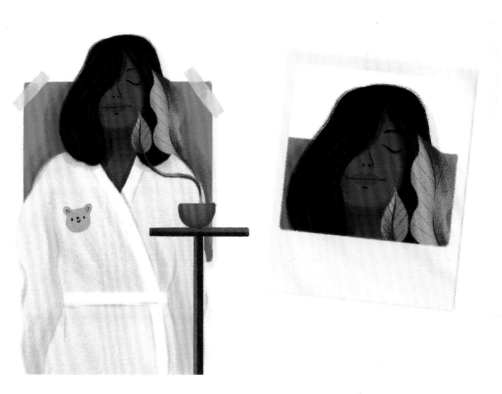

Mujeres de postal

Lo que ves y oyes —también de otra gente— afecta a tu imagen corporal, o sea, a la manera de percibirte a ti misma. Miras a otras mujeres, cómo hablan, cómo se comportan y cómo se ven. ¡Todas las niñas lo hacen! Incluso los lobeznos observan a su madre porque de ella aprenden cómo ser lobos.

Sin embargo, a diferencia de los cachorros de lobo, tú tienes a tu alrededor millones de imágenes diferentes de mujeres: en películas, Internet, series, anuncios… **¡Son tantas que es fácil marearse!**

El problema es que la gran mayoría de estas imágenes tiene **poco que ver con la realidad**. Anuncios, blogs, series, vídeos en Internet suelen mostrar solo algunos tipos de mujeres: delgadas, de piel clara, muy maquilladas y con un montón de ropa nueva.

¡Y las mujeres son muy diferentes!

Encima, muy a menudo las fotos de mujeres y chicas se retocan, es decir, se corrigen a través de programas y aplicaciones especiales que cambian, por ejemplo, las facciones o la forma del cuerpo. Basta con poner un filtro en el selfi, ¡y listo! **Eso significa que las mujeres de las fotos en realidad no se ven así.** ¡Incluso puede decirse que las personas que salen en ellas ni siquiera se les parecen!

Mirar fotos de mujeres «perfectas» puede agobiarte y hacer que estés descontenta con tu aspecto. Por suerte, puedes cuidarte y ayudarte a ti misma a construir una imagen positiva de tu cuerpo.

¿Cómo construir una imagen corporal positiva?
En otras palabras: la positividad corporal en práctica

 Aprecia todo lo que puede hacer tu cuerpo y la alegría que te proporciona. De vez en cuando puedes volver a los apuntes que hiciste al principio del libro. Si lo necesitas, haz más listas. **Tu cuerpo es fantástico y es él el que te lleva a través de la vida.** Intenta no olvidarlo.

 ¡Cultiva tus pasiones y haz lo que amas! Da igual si es programar aplicaciones, recitar poesía o lo uno y lo otro. Prueba diferentes cosas y busca lo que más te guste. Las personas que se sienten buenas en algo tienen mayor autoestima y, gracias a ello, una imagen corporal más positiva.

 **¡Háblate a ti misma con cariño!** Construye el hábito de decirte cosas bonitas: «Lo he hecho bien», «Qué fuerte soy», «Me queda bien este jersey». ¿Y si algo te sale mal? Di por ejemplo: «Ahora no lo he conseguido, pero pensaré en cómo hacerlo y la próxima vez podré con ello». Puedes también elogiar tu cuerpo y admirarlo.

Háblate a
TI MISMA
con cariño

💜 **¡Muévete todo lo que puedas!** El deporte y la alegría de moverte te permitirán apreciar tu cuerpo y sus capacidades. ¡Eso también es positividad corporal! Leerás más sobre este tema en el capítulo 8.

♥ **Cultiva amistades y relaciones con otra gente.** Intenta rodearte de personas que te apoyen, con las que te sientas bien y que no te corten las alas.

♥ **Mantén la vergüenza bajo control.** Cuando sientas que algo relacionado con el aspecto de tu cuerpo te provoca vergüenza, regístralo. O mejor aún: cuéntaselo a alguien de confianza. Como a la vergüenza le gusta el silencio, hablar sobre ella va a «pincharla», como una aguja a un globo.

♥ **Anímate a ti misma y sé tu mejor amiga**, de las que quieren que seas feliz y que te apoyan en momentos difíciles.

♥ **Ten cuidado con compararte con las demás.** Si te das cuenta de que lo haces, intenta dirigir la atención a otra cosa. Apaga el móvil y ponte a dibujar o habla con alguien en casa. Lee un libro o escucha tu canción favorita, pero mejor una alegre… Después puedes hacer un pequeño ejercicio: piensa en lo que ya eres buena.

♥ **No te quedes sola con tus preocupaciones.** Si algo te inquieta, te da miedo o te pone triste —y la tristeza parece no tener fin—, no te guardes estos sentimientos. Compártelos con alguien de confianza, descríbelos en un diario o busca ayuda en la escuela. Puedes también expresar tus emociones a través del movimiento: intenta, por ejemplo, descargar la tristeza o la rabia bailando.

♥ **Observa con cuidado.** Al utilizar las redes sociales, ten cuidado con la gente a la que sigues. Si ves que las fotos o los vídeos publicados por alguien hacen que te sientas mal, deja de seguirlo. Y comprueba si entonces te sientes mejor.

💜 **Reparte cumplidos.** Al alabar a otras chicas, intenta no centrarte en su aspecto físico, sino sobre todo en lo que saben hacer. Puedes decir: «Eres muy lista. Has dicho una cosa muy inteligente». Y a veces basta solo con un «Me alegro de verte».

💜 **¡Recuerda que está bien sentirte satisfecha con tu cuerpo y tu aspecto!** Alegrarte de que te gustes a ti misma sienta bien.

CAPÍTULO 6

Tu cuerpo por debajo del ombligo

¡Emprendamos nuestra misión de investiga-ción *cuerpopositiva*[1]! Vamos a mirar de cerca tus órganos genitales. ¿Suena serio? Se trata simplemente de tu sexo y sus alrededores.

1. *Cuerpopositivo/a*: Relativo al movimiento social *body positivity*, que defiende la aceptación de todos los cuerpos sin importar su aspecto.

En las siguientes páginas te espera mucho vocabulario e información que serán nuevos para ti. **¡No tienes que leerlo todo de golpe!** Puedes empezar por mirar los dibujos y leer fragmentos que te llamen la atención. Intento explicarlo todo lo mejor posible, pero sé que algunas informaciones relacionadas con el cuerpo pueden parecer complicadas y extrañas. Date tiempo.

¿Estás lista? Empezaremos por la reina de las ciencias del cuerpo humano: la anatomía. *Anatomía* quiere decir 'estructura del cuerpo'. Estaría bien saber cómo estás estructurada, ¿no crees? ¡El saber es poder!

Órganos genitales externos

Estos son tus órganos genitales externos, es decir, la **vulva**. También se puede decir *labios* o *sexo*.

※ **Monte de Venus:** la zona de tejido graso que protege la parte anterior del hueso de la pelvis.

※ **Uretra:** el canal por el que sale la orina, o sea, el pis.

※ **Labios mayores:** los pliegues de piel alrededor de los labios menores y la abertura vaginal. Encima de ellos también sale vello púbico.

※ **Labios menores:** los pliegues de piel que rodean directamente la abertura vaginal.

※ **Abertura vaginal:** la parte anterior de la vagina, por la que sale la sangre de la menstruación.

※ **Entrepierna:** la zona entre los dos muslos.

100

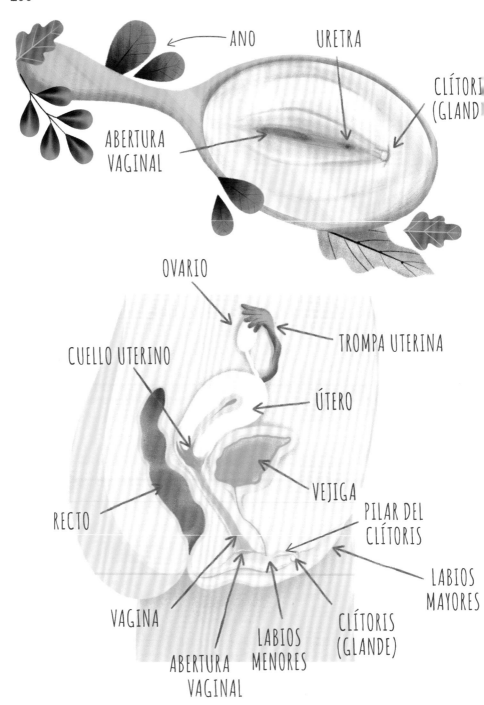

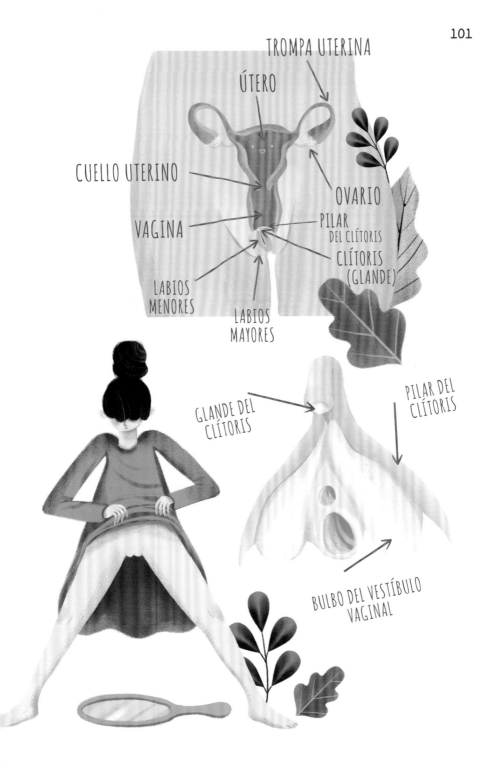

TROMPA UTERINA

ÚTERO

CUELLO UTERINO

VAGINA

OVARIO

PILAR
DEL CLÍTORIS

CLÍTORIS
(GLANDE)

LABIOS
MENORES

LABIOS
MAYORES

GLANDE DEL
CLÍTORIS

PILAR DEL
CLÍTORIS

BULBO DEL VESTÍBULO
VAGINAL

❀ **Clítoris:** el punto más sensible del cuerpo femenino, que sirve únicamente para dar placer.

❀ **Ano:** el orificio por el que salen las heces, o sea, la caca.

Órganos genitales internos: imagen lateral y frontal

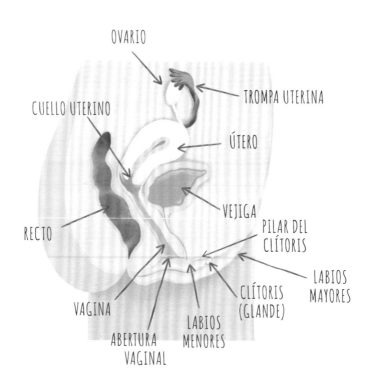

OVARIO

TROMPA UTERINA

CUELLO UTERINO

ÚTERO

VEJIGA

RECTO

PILAR DEL CLÍTORIS

LABIOS MAYORES

VAGINA

CLÍTORIS (GLANDE)

ABERTURA VAGINAL

LABIOS MENORES

Clítoris, imagen muy aumentada

GLANDE DEL CLÍTORIS

PILAR DEL CLÍTORIS

BULBO DEL VESTÍBULO VAGINAL

TROMPA UTERINA

ÚTERO

CUELLO UTERINO

VAGINA

LABIOS MENORES

LABIOS MAYORES

OVARIO

PILAR DEL CLÍTORIS

CLÍTORIS (GLANDE)

❁ **Ovarios:** dos órganos pequeños ubicados a los dos lados del útero. Cuando entras en la pubertad, tienen el tamaño de una alubia, y después se hacen como nueces. Aquí se guardan todos tus óvulos. Cuando un óvulo maduro se junta con un espermatozoide, se convierten en embrión, que puede transformarse en feto y, finalmente, en bebé. El proceso de la maduración del óvulo y la ovulación —el momento preciso de liberar el óvulo del ovario— forman parte del ciclo menstrual. Cuando el óvulo no es fecundado, tienes la regla.

❁ **Trompas uterinas:** dos tubos finos que unen el útero y los ovarios.

❁ **Útero:** un órgano dentro de tu bajo vientre. En una mujer adulta su tamaño y su forma se parecen a los de un aguacate o una pera invertidos. El útero tiene una capacidad extraordinaria de expandirse, como un globo. Sus paredes son muy flexibles, gruesas y carnosas para poder albergar el feto en crecimiento, si la mujer se queda embarazada.

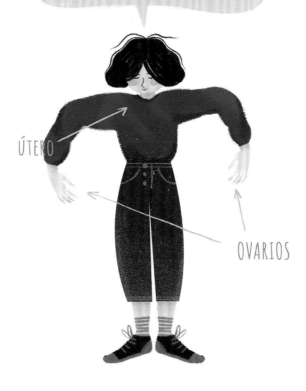

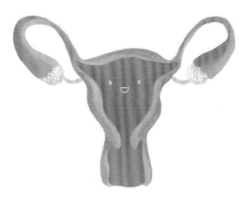

❀ **Cuello uterino:** cierra la vagina por dentro. Su punta se parece a un pequeño dónut. Por este agujerito sale de la vagina la sangre de la menstruación.

❀ **Vagina:** el canal que une el cuello uterino con el exterior. Por aquí pasa la sangre de la menstruación y por aquí nacen los bebés.

❀ **Pilares del clítoris:** el resto del clítoris, cuya punta asoma por la vulva; está escondido dentro del cuerpo, a los dos lados del útero.

¡Buena idea!

Intenta evitar hacer pis y caca «a la fuerza». Cuando estés sentada en el váter, no tenses los músculos para obligarte a hacer pis o caca. Tu cuerpo funciona mejor cuando no está tenso. ¡Simplemente siéntate en el retrete y relájate!

¿Qué es la fertilidad y cómo se crea la vida?

La fertilidad es la posibilidad de crear nueva vida, un superpoder que se consigue al superar las diferentes etapas de la pubertad.

La vida de cada persona empieza por la unión del óvulo femenino con la célula sexual masculina, es decir, el espermatozoide. **Es como encajar dos piezas de un puzle.**

Los óvulos están guardados en los ovarios de la mujer, y los espermatozoides, en los testículos del hombre. El óvulo y el espermatozoide se unen por métodos de reproducción asistida o cuando la mujer y el hombre tienen una relación sexual —es una expresión muy formal, pero se dice también *hacer el amor*, *tener sexo* o *acostarse con alguien*—, o sea, cuando la mujer recibe el pene en su vagina.

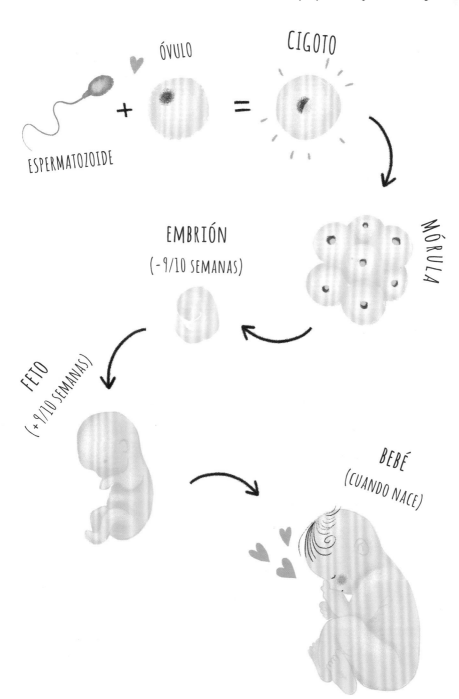

ESPERMATOZOIDE + ÓVULO = CIGOTO

MÓRULA

EMBRIÓN
(-9/10 SEMANAS)

FETO
(+9/10 SEMANAS)

BEBÉ
(CUANDO NACE)

Para que dos personas quieran estar tan cerca la una de la otra, tienen que atraerse —un poco como el metal al imán y el imán al metal— con suficiente fuerza para tener ganas de acariciarse y besarse. Estar juntos de esta manera puede darles mucho placer. Cuando el pene se encuentra en la vagina y se eyacula, del pequeño orificio de la punta salen millones de espermatozoides; **así acceden al interior del cuerpo de la mujer.**

Si la pareja no ha usado ningún anticonceptivo —método que permite hacer el amor sin quedarse embarazada—, es posible que uno de los espermatozoides se una con el óvulo maduro; el óvulo será fecundado y se acomodará en el útero dentro del vientre de la mujer. **En los próximos meses, del óvulo fecundado se desarrollará el feto y, después, el niño.**

Al cabo de nueve meses,
el embarazo termina en el
momento del parto, durante
el cual la fuerza de la mujer
y su cuerpo dan a luz al
niño.
Tú también surgiste así,
del cuerpo de tus padres.
Sin embargo, para que eso
ocurriera, ellos tuvieron
que pasar por algo para lo
que tú te estás preparando
ahora.

Ese algo es la pubertad.

CAPÍTULO 7

La primera regla

La regla —también llamada *periodo* o *menstruación*— es un sangrado cíclico a través de la vagina. Búscala en los dibujos de anatomía del capítulo anterior. Puedes también mirarte la vulva usando un espejo y compararla con la ilustración en el libro. **Es importante que sepas qué hay en tu cuerpo y dónde está.**

¿Para qué tenemos la regla?

La regla es una señal que te da el cuerpo para indicarte que estás sana y que —si quieres— en el futuro podrás tener hijos. La sangre que sale de tu vagina forma parte de los cambios correctos que cada mes ocurren en tu útero.

Lo vamos a ver con más detalle en la sección sobre el ciclo menstrual.

¿Cuándo llega la primera regla?

En general, **entre los nueve y dieciséis años**. Por supuesto, a cada chica le ocurre en el momento más adecuado para ella. Una empezará a menstruar a los once años y otra a los catorce. Es algo totalmente normal. ¡La pubertad no es una carrera!

¿Cuánto dura la regla y a qué edad termina?

La menstruación dura de tres a siete días. Se repite más o menos cada cuatro semanas; se supone que en promedio un ciclo dura veintiocho días, pero ya volveremos a este tema más adelante. Durante unos cuantos días y noches, de la vagina sale el flujo menstrual. Así se llama a la sangre de la menstruación cuando una quiere sonar muy seria. Las mujeres menstrúan hasta los cincuenta años, aproximadamente. Un montón de tiempo, ¿no?

¿Cuándo no hay regla?

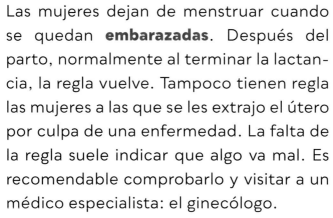

Las mujeres dejan de menstruar cuando se quedan **embarazadas**. Después del parto, normalmente al terminar la lactancia, la regla vuelve. Tampoco tienen regla las mujeres a las que se les extrajo el útero por culpa de una enfermedad. La falta de la regla suele indicar que algo va mal. Es recomendable comprobarlo y visitar a un médico especialista: el ginecólogo.

Las reglas acaban más o menos cuando la mujer cumple cincuenta años, a veces antes. Se entra entonces en la **menopausia**.

Menopausia

La menopausia es como una segunda pubertad. Es un periodo excepcional, cuando muchas mujeres revisan su vida e introducen cambios en ella. Si son madres, probablemente sus hijos ya sean mayores y requieran menos cuidados. Así las mujeres pueden **abrir otro capítulo de su vida**, buscar nuevas pasiones o dedicar su energía a asuntos especialmente importantes para ellas.

Regla y ser mujer

Se puede ser mujer de diferentes maneras. Habitualmente, una persona nace con los órganos genitales femeninos y después siente vivamente que es niña. Pero a veces no es así.

Hay personas que se sienten niñas aunque nacen con un pene. Decimos que son niñas transgénero.

A veces los niños nacen con órganos genitales que no se pueden describir simplemente como típicos masculinos o femeninos. Son personas intersexuales. Por supuesto, si se sienten niñas, lo son.

Algunas personas, independientemente de los órganos genitales que tengan, no se sienten plenamente ni mujeres ni hombres. Son personas no binarias. A una parte de ellas les toca tanto la regla como otros cambios descritos en este libro.

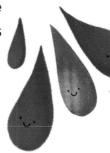

¿Todas las mujeres tienen regla?

No. No la tienen las niñas transgénero y también algunas personas intersexuales; entre ellas, las niñas que nacieron sin útero.

¿Solo las mujeres menstrúan?

No. Los niños transgénero —personas que nacieron en un cuerpo femenino, pero sienten que son hombres— también tienen regla. Si no se someten a cirugías específicas, siguen teniendo el útero y la vagina, y, por lo tanto, la menstruación.

Menstrúan las personas con útero y vagina, también las personas intersexuales y no binarias.

¿Sabías que la palabra *menstruación* proviene de la palabra *mes*? Tiene mucho sentido: después de todo, **la regla viene prácticamente cada mes**. Está relacionada también con la palabra griega *mene*, que significa 'luna'.

Hace mucho tiempo que la gente se dio cuenta de que la luna aparece en el cielo y desaparece con sorprendente regularidad. Algo parecido ocurre con el sangrado de las mujeres sexualmente maduras. **¡Tanto nuestro ciclo como el de la luna duran por lo general veintiocho días!** ¿Y si el cielo fue el primer calendario menstrual?

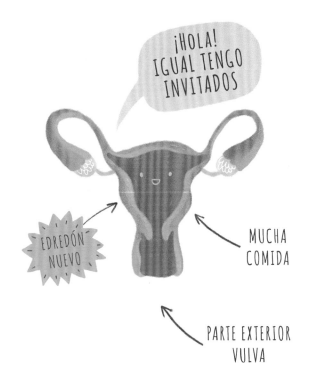

¿Cómo ocurre la regla?

Es un poco complicado —créeme, incluso las mujeres adultas no siempre saben describirlo—, pero intentaré explicarlo de la manera más simple posible. El cuerpo femenino está construido de tal forma que en cada ciclo —aproximadamente cada mes— el útero se prepara para recibir el óvulo fecundado y para la posibilidad del embarazo. Con este fin, las paredes del

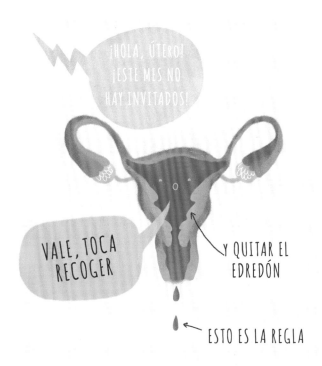

útero producen **un revestimiento especial, es decir, la mucosa** —el término científico es *endometrio*—, preparada para alimentar al óvulo fecundado, al que ayuda a desarrollarse y a crecer.

Imagínate un **edredón especial** que el útero prepara cada mes para abrigar el óvulo fecundado.

Si durante el ciclo el óvulo no se fecunda —o sea, si no se necesita el edredón—, **el útero termina de trabajar y la mucosa se desprende y sale del útero junto con la sangre**. Todo baja a través del cuello uterino y la vagina, y abandona el cuerpo: «se quita» el edredón. **Esto es la regla.** Antes de que acabe, el útero empieza a preparar un «edredón» nuevo. Y todo el ciclo vuelve a comenzar.

Ciclo menstrual de cerca

La menstruación es parte de un conjunto más grande. Igual que la luna llena es parte del ciclo lunar, y el otoño, del ciclo anual. La regla es parte del ciclo menstrual.

¿Cómo funciona el ciclo menstrual?

Estoy describiendo un ciclo de veintiocho días, pero, por supuesto, ¡el tuyo puede tener una duración diferente!

Si quieres, compara el gráfico con el dibujo de las estaciones del año y las fases lunares; las ilustraciones están en las siguientes páginas.

♡ Días 1-4: regla

Estación del año: invierno
Fase lunar: luna nueva
Se descama la mucosa que reviste las paredes del útero: «se quita» el edredón. Los restos de la mucosa abandonan el cuerpo junto con la sangre a través de la vagina.

¿Cómo puedes sentirte?

Es tiempo de invierno, o sea, de descansar y centrarte en ti misma. Puedes tener menos energía, sentir dolor o experimentar otros estados.

fases lunares y estaciones del año

LUNA NUEVA

LUNA MENGUANTE

LUNA CRECIENTE

OTOÑO

INVIERNO

VERANO

PRIMAVERA

LUNA LLENA

Ciclo menstrual

REGLA

FASES LUNARES
ESTACIONES DEL AÑO

OTOÑO

INVIERNO

VERANO

PRIMAVERA

↑
OVULACIÓN

¡Buena idea!

Apunta siempre en el mismo lugar —en un cuaderno o en una aplicación— cómo te sientes cada día. Puede que después de algún tiempo notes cierta regularidad en tus estados de ánimo y puedas «predecir» qué te espera en cada fase del ciclo. ¡Así te vas a conocer mejor a ti misma!

♡ Días 4-14

Estación del año: primavera
Fase lunar: cuarto creciente
Todavía durante la regla, las hormonas de la glándula pituitaria corren hacia los ovarios con el mensaje: «¡Manos a la obra! Es la hora de hacer madurar un nuevo óvulo». Los ovarios inician el proceso de la maduración del óvulo, y el útero —aunque acaba de «quitarse» su mantita— vuelve a empezar su trabajo y sus paredes se van haciendo más gruesas. ¡Pronto estará listo un nuevo óvulo!

¿Cómo puedes sentirte?

A lo largo de estos días puedes sentir un subidón de energía. Y con ella, ¡de ideas nuevas! ¡Renaces igual que la naturaleza en primavera!

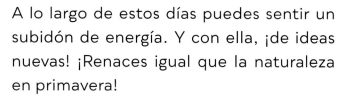

Día 14: ovulación

¡La maduración del óvulo ha acabado con éxito! Es la hora de la ovulación, es decir, de dispararlo desde el ovario hasta la trompa uterina.

Estación del año: verano
Fase lunar: luna llena

¿Cómo puedes sentirte?

Notarás en las bragas un flujo parecido a la clara de huevo. Algunas mujeres durante la ovulación sienten un poco de dolor y ven unas gotas de sangre en la ropa interior.

♡ **Días 14-28**

El óvulo no fecundado empieza a desaparecer. Es una señal para el útero: «¡En este ciclo no hay embarazo! Quitamos el edredón». El ciclo menstrual está acabando, pronto llegará otra regla.

Sin embargo, si se produce la fecundación —el óvulo se topa con los espermatozoides—, el cuerpo suprimirá esta fase y activará el programa Embarazo. **¡Pero esa es una historia muy diferente!**
Estación del año: otoño
Fase lunar: cuarto menguante

¿Cómo puedes sentirte?

Al acercarse la regla, puedes sentir un bajón de energía. A veces notarás que estás más irritable y que te enfadas con más facilidad. Lo mismo suele pasar cuando estamos cansadas y no tenemos tiempo para descansar. O cuando no admitimos ante nosotras mismas cómo nos sentimos de verdad y consentimos algo que no nos apetece. El enfado es una respuesta natural y observar cuándo aparece —y que a veces puede hacerse notar incluso varias semanas después de un incidente— es una gran fuente de sabiduría.

Si no fuera por la regla y el ciclo del que forma parte, no estaríamos en el mundo. ¡Piensa en el poder que tiene la menstruación!

Primera regla

El día de la primera regla puede ser muy especial. **¡Al fin y al cabo, ocurre solo una vez!** En algunas casas las niñas reciben flores y regalos, en otras no hay esta costumbre. **Puedes preguntar a tu madre o a tu tía qué hicieron ellas cuando empezaron a menstruar.** Decidid juntas si a ti te apetecería celebrar este acontecimiento. **Lo más importante es que estés bien y cómoda.** A lo mejor no te sentirás diferente, pero también puede que estés enfadada, triste o perdida. Permítetelo. La regla es un gran cambio en tu vida. Algo completamente nuevo, que vas a empezar a conocer y a domar. Te ayudará hablar de ello con otras chicas y mujeres.

¿Cómo identificar que la primera regla está cerca?

Puede que unos dos o tres años después de que te hayan empezado a crecer los pechos veas en tus bragas unas **manchas blanquecinas**. Es algo totalmente normal: se trata de una secreción vaginal de un olor ligeramente ácido. **Es una señal de que tu cuerpo está realizando su plan llamado Pubertad y que todo va como debería.** Tu útero se está preparando para la primera regla. Puedes esperarla dentro de los próximos doce meses.

Es muy probable que empieces a menstruar a una edad parecida a la de tu madre. Así que pregúntale cuántos años tenía ella: ¡será un punto de referencia en tu mapa de la pubertad!

¿Cómo es la primera regla y cómo son las siguientes?

La regla se compone en gran medida de sangre, **con una consistencia un poco más espesa que la del agua**; se parece a un sirope de frambuesa, pero de un color saturado, rubí. Además de la sangre, verás unos trocitos gelatinosos de tejido: son los fragmentos del endometrio, la mucosa del útero, o sea, el «edredón» que aparece cíclicamente en el útero por si se produce la fecundación.

La primera regla puede ser marrón. Solo después de algún tiempo —**a veces unas horas, a veces en el siguiente ciclo**— se vuelve roja. Su color puede variar de muy claro a un rojo oscuro. Y seguirá cambiando en los años y ciclos siguientes.

Cuando miras un tampón o una compresa empapados, puede parecerte que hay mucha sangre de la menstruación. En realidad, lo que sale cada mes cabría en **tres cucharas soperas**. Las personas que tienen una regla muy abundante o muy escasa son una excepción. Si ves que tienes que cambiar las compresas que son muy absorbentes con más frecuencia que cada dos horas, es recomendable que hables con un médico para asegurarte de que todo está bien.

¿Ciclo regular o irregular?

La palabra *regla* a menudo va acompañada de otras dos: *regular* e *irregular*. Vale la pena memorizarlas. En un ciclo regular menstrúas a intervalos iguales, es decir, entre dos reglas siempre pasa más o menos el mismo tiempo. Un ciclo irregular es aquel en el que el número de días entre dos reglas es muy diferente; por ejemplo, un ciclo dura veintiocho días, y el otro, treinta y cuatro.

A veces la regla desaparece por un ciclo. La irregularidad y la «desaparición» de la regla por unos meses es algo típico durante la pubertad; **antes de que el periodo se normalice, pueden pasar de seis a dieciocho meses.** Recuerda que, si algo te inquieta, está bien consultar a una persona de confianza o hablar con tu madre o con tu padre para que te pidan una cita con el ginecólogo.

La regla en cifras

De media, una mujer menstrúa durante un tiempo equivalente a diez años —tres mil quinientos días— ¡y en este tiempo podría llegar a utilizar entre once mil y quince mil compresas y tampones desechables!

Cuando duele

Durante la regla **puedes sentir malestar y dolor en el bajo vientre**, a veces también en la parte baja de la espalda. Es algo que experimentan muchas mujeres. **El dolor se debe a las contracciones del útero, necesarias para que se desprenda la mucosa y baje la regla.**

Estos síntomas deberían poder aliviarse con un simple analgésico, pero no lo tomes sin consultarlo con algún adulto. **Si el dolor resulta insoportable y te impide funcionar con normalidad, tienes que ir al médico.**

Qué puede ayudar:

♡ Una bolsa de agua caliente —cuidado, no te quemes— o con huesos de cereza calentados.

♡ Ejercicios leves de estiramiento, paseos.

♡ Sueño y descanso.

♡ ¡La risa!

♡ Buena compañía.

♡ Medicamentos antinflamatorios no esteroides, como el ibuprofeno. **Importante: ¡no tomes ningún medicamento sin que lo sepan los adultos y sigue las recomendaciones del prospecto!**

Estado de ánimo durante la regla

Los dos primeros días de la regla —e incluso unos días antes— puedes notar que estás más cansada, y durante la menstruación puede que te sientas más débil. **Date tiempo para descansar y echar una siesta.**

¿Qué es el SPM?

El SPM —síndrome premenstrual— es un grupo de diferentes síntomas que se producen unos días antes de la regla; por ejemplo, tensión, angustia, dolor de cabeza o de pecho. Si lo experimentas, es recomendable consultar al ginecólogo.

No estás sola

¿Sabes que en este instante en todo el mundo pueden estar menstruando unos trescientos millones de personas? ¡Es el número de habitantes de más de seis Españas! ¡Una locura menstrual!

Compresas, tampones y otros inventos

Para no manchar la ropa interior durante la regla, se usan diferentes productos que acumulan o absorben la sangre de la menstruación. **Puedes pedirle a tu madre o a una persona cercana que te los enseñe.** De esta manera te vas a familiarizar con ellos.

¿Sabías que...?

Hay sitios donde no se utilizan compresas, tampones y copas menstruales. En muchas partes del mundo no se pueden comprar o son demasiado caros. En Zambia, en África, algunas mujeres usan algodón en lugar de compresas, o incluso… ¡estiércol de vaca seco! Lo envuelven en pedazos de tela y lo llevan en las bragas. El estiércol de vaca es como una esponja: absorbe la sangre.

En muchos países las chicas y las mujeres no tienen acceso libre a baños que les garanticen la privacidad. Eso les hace más difícil cuidar su higiene y también cambiar las compresas durante la regla.

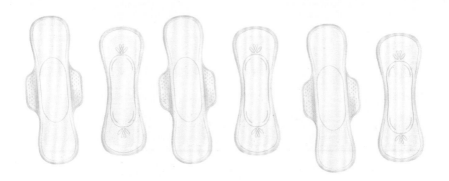

Compresas desechables

Son trozos alargados de material absorbente que se ponen en el interior de las bragas.
Para colocarlos, hay que quitar el papel que
protege la tira adhesiva, pegar la compresa en el centro de la ropa interior y, si tiene alas, doblarlas sobre los bordes. Las alas
son partes adicionales a ambos lados de la
compresa que la fijan mejor a las bragas.

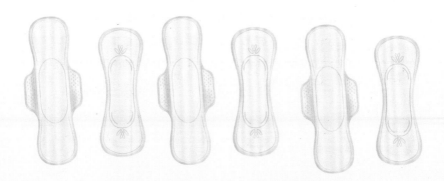

¿Sabías que...?

En la Europa medieval, las mujeres probablemente sangraban directamente en las enaguas, prenda interior parecida a una falda y que se lleva bajo esta. Solo a finales del siglo XIX aparecieron cinturones que se fijaban en las caderas para sujetar los antecesores de las compresas. Estas estructuras eran necesarias porque... en aquella época no se usaban bragas tal y como las conocemos actualmente.

Absorción de las compresas

Los fabricantes de compresas marcan en el envoltorio el nivel de absorción, que informa de cuánta sangre es capaz de absorber la compresa. La que lleva dibujada una gota absorbe menos; es adecuada para menstruaciones escasas o para los últimos días de la regla. En cambio, la compresa con cuatro gotas viene bien para una menstruación abundante. Hay también compresas especiales para usar durante la noche, más largas que las normales.

Recuerda cambiar las compresas con regularidad, idealmente cada dos o tres horas. Por la noche no tienes que hacerlo, a no ser que tengas una regla abundante —es recomendable indicárselo al médico—. Por la mañana, cuando te levantes después de estar tumbada toda la noche, puedes sentir que te sale más sangre de lo normal; es la sangre que «se ha acumulado» en la vagina durante la noche.

Tampones

Son rollitos con un hilillo cosido, hechos de un material absorbente. Se introducen dentro de la vagina. Absorben el flujo menstrual en el interior, por lo que la sangre no sale fuera. Para sacar el tampón de la vagina, basta con relajar los músculos y tirar suavemente del hilillo.

Los tampones se usan a menudo para practicar deportes; por ejemplo, cuando vas a la piscina. **Recuerda que hay que cambiarse el tampón cada tres o cuatro horas** y lavarse siempre las manos antes de ponerlo y de sacarlo.

Tipos de tampones

Existen dos tipos de tampones, cada uno con diferentes niveles de absorción:

♡ **Tampón sin aplicador:** se introduce en la vagina con el dedo.

♡ **Tampón con aplicador:** para introducirlo en la vagina, se utiliza un pequeño tubito, el aplicador.

Empieza por los tampones más pequeños: suelen ser marcados como *mini*. Con ellos te será más fácil empezar a ponerte tampones.

Preguntas importantes

¿Un tampón se puede perder dentro de la vagina?

Tranquila, ¡tu tampón está seguro! La vagina «termina» dentro de tu cuerpo con el cuello uterino, cuyo agujero es tan pequeñito que un tampón no podrá pasar por él.

¿Cómo colocarse en la vagina un tampón sin aplicador?

1. Lávate las manos.
2. Relájate, puedes ponerte en cuclillas.
3. Saca el tampón del plástico e introdúcelo en la vagina con el dedo índice.
4. Ponte recta y comprueba si lo notas. Si es así, puedes empujarlo con el dedo un poco más para dentro.

¿Cómo sacar el tampón de la vagina?

1. Lávate las manos.

2. Relaja los músculos alrededor de la vagina. Puedes imaginarte que en tu bajo vientre está nadando alegremente una ballena.

3. Ahora tira suavemente del hilillo del tampón. ¡Hecho! Envuélvelo en un trozo de papel higiénico y tíralo a la basura.

¿Qué es el síndrome del choque tóxico?

Es una infección poco frecuente, pero grave, relacionada con el uso de los tampones. Para disminuir el riesgo, utiliza tampones con una absorción adaptada al flujo. O sea, no cojas «por si acaso» tampones con una absorción alta. Además, recuerda cambiarlos cada tres o cuatro horas.

Copa menstrual

Es un recipiente pequeño que se coloca dentro de la vagina para que acumule la sangre de la menstruación. Pasadas unas horas, se saca la copa y se tira la sangre. La copa vacía se lava con agua y se introduce de nuevo en la vagina.

Las copas son reutilizables: **¡se puede usar la misma copa incluso durante quince años!** Eso permite reducir considerablemente la cantidad de la basura que producimos. Existen minicopas especiales para las chicas que empiezan a menstruar. Para colocarlas, se necesita práctica y conocer bien tu cuerpo.

Compresas reutilizables

O sea, compresas hechas de algodón que se lavan en la lavadora después de cada uso. Se pueden utilizar muchas veces, por lo que son más ecológicas.

¿Sabías que...?

Tu bisabuela probablemente no usaba compresas desechables. Simplemente no las había o era difícil conseguirlas. Las mujeres se confeccionaban compresas de tela o utilizaban algodón.

Las compresas que conocemos hoy en día fueron inventadas en el año 1921 y los tampones en el año 1937, pero aún pasaron algunos años antes de volverse populares.

Bragas menstruales

Son bragas especiales con una capa de tejido que absorbe el flujo menstrual y ayuda a mantener la sequedad. Se lavan en la lavadora. Es una solución alternativa ecológica y reutilizable. También existen en diferentes tamaños y niveles de absorción.

¡Al váter no!

Al cambiarte la compresa o el tampón, no los tires al inodoro: pueden obstruir las cañerías. Y, si pasan, llegarán a los mares y océanos junto con las aguas residuales. **Las compresas y los tampones desechables contienen plásticos** que tardan cientos de años en degradarse. Eso significa que durante mucho tiempo flotarán en los mares, lo que supondría una amenaza para los animales que viven allí.

¿Cuál es la alternativa?

Utiliza un cubo de basura normal o un contenedor especial para compresas y tampones. Si no hay papelera al lado del retrete —algo por desgracia muy frecuente—, envuelve la compresa o el tampón en papel higiénico o en un clínex y tíralos al cubo de basura en la entrada del baño.

Manchas

A veces los productos para la menstruación se mueven o ya no pueden absorber más. Y una de las características de la regla es que no avisa de su llegada; sería mucho más fácil si por lo menos enviara un SMS… Le encanta aparecer en mitad de la noche. **Simplemente, la regla y las manchas van de la mano. Nos ocurre absolutamente a todas y no es nada raro ni vergonzoso.**

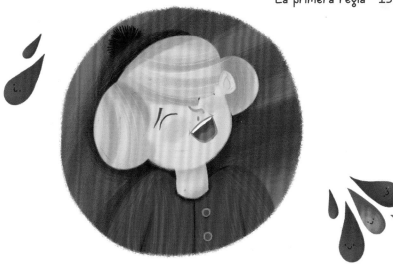

Regla, risas y estornudos

A veces, cuando tienes la regla y **te ríes o estornudas, sientes un repentino flujo de sangre**. Es porque estas acciones activan tu vientre y los músculos escondidos en la pelvis —los llamamos *músculos del suelo pélvico*—, que literalmente empujan la sangre fuera del útero. Si quieres disminuir un poco la fuerza del «lanzamiento», al estornudar imagínate que levantas hacia el interior del cuerpo toda la zona de la entrepierna. Requiere bastante coordinación, pero se puede aprender, ¡incluso en clases especiales! Importante: no olvides relajarte después.

Regla y olor

El olor de la regla —que contiene sangre— es un poco metálico, ya que la sangre contiene hierro.

Al usar compresas desechables o tampones, notarás que la sangre tiene un olor desagradable: es porque entra en contacto con el aire y se oxida. Para reducir el olor, **recuerda cambiar a menudo los productos de higiene menstrual**.

Con las compresas reutilizables es diferente: se fabrican de un material natural —algodón— y por eso **la regla tiende a no oler mal**. Lo mismo ocurre con las copas menstruales: como la regla no se infiltra en ellas ni se mezcla con componentes químicos, su olor no cambia.

Confecciona tu «kit de regla»

El *kit* de regla es un neceser menstrual.
Guarda allí el producto mensual que utilices
habitualmente y toallitas húmedas y gel an-
tibacteriano, para las manos. Además, lleva
en la mochila o en el bolso unos pañuelos,
por si en los baños no queda papel.
No tienes que llevarlo contigo todos los
días, pero está bien tener siempre por lo
menos una compresa. **Si no la usas tú,
¡igual le sirve a una amiga!**

Calendario menstrual

Para no perderte en el nuevo mundo de la regla, empieza a usar un calendario para apuntar los días de sangrado; márcalos, por ejemplo, con corazoncitos. Así podrás contar cuántos días exactamente dura tu ciclo y, con el tiempo, prever próximas reglas.

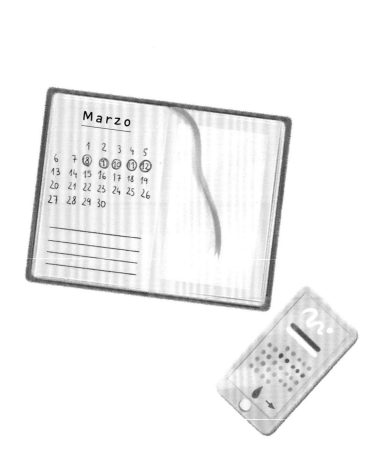

Para seguir la regla, también resultan útiles aplicaciones especiales para el móvil. Antes de usar una de ellas, asegúrate de que respeta la privacidad de las usuarias y no comparte sus datos con nadie; ¡recuerda que la información sobre ti es muy valiosa!

Hay muchas aplicaciones de seguimiento de la menstruación. ¡Encuentra la que sea mejor para ti!

¿Sabías que...?

Antes las mujeres tenían menos reglas que ahora a lo largo de la vida. Es porque se quedaban embarazadas más a menudo, daban el pecho durante más tiempo y, también, porque… vivían menos años.

Ahora las mujeres y los hombres tienen acceso a los anticonceptivos, es decir, diferentes métodos que permiten evitar quedarse embarazada. Gracias a ello pueden tomar la decisión de tener hijos con más consciencia.

Regla durante la clase de Educación Física

Durante la regla puedes practicar los deportes que quieras. **¡Lo importante es que te sientas cómoda!** Comprueba si, al hacer ejercicio, prefieres usar compresas o tampones. Las bragas menstruales también son una buena solución. Te las pones antes de la clase de Educación Física, después te las cambias por unas bragas normales y te pegas una compresa.

Si durante la clase te sientes incómoda, díselo a tu profesor o profesora. También puedes hablarlo en casa con tus padres y entre todos podéis pensar un plan de acción para este tipo de situaciones.

¿Hay que lavarse con más frecuencia durante la regla?

Una ducha al día es suficiente. Sin embargo, puede que tengas la necesidad —sobre todo si usas compresas— de lavarte las partes íntimas durante el día. ¡Haz lo que te haga sentir bien!

Acuérdate de lavar siempre solo la parte externa de los órganos genitales, es decir, la vulva. La vagina cuida de sí misma.

¿La gente sabe que tengo la regla?

Nadie lo sabrá si tú no se lo dices.

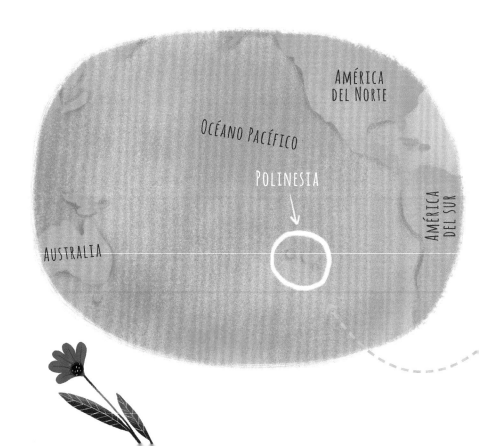

El tabú de la regla

Un tabú es algo de lo que no se habla porque por alguna razón no está bien visto —pero a menudo nadie sabe explicar por qué—. La palabra viene del polinesio, donde significa 'algo sagrado' y... también 'menstruación'.

Los antropólogos y las antropólogas de la cultura —personas que se dedican a investigar la historia de las costumbres humanas— suponen que antes la regla era un tabú, en gran medida porque la gente no entendía de dónde venía ni para qué servía. Se le atribuía poderes mágicos y a lo mejor hasta se le tenía miedo. Por eso se prefería no hablar de ella —algo parecido pasa con el Innombrable de los libros de *Harry Potter*—. La convicción de que no se puede hablar de la regla arraigó también en nuestra cultura. Todavía muchas mujeres se avergüenzan de tener la regla y se sienten incómodas al hablar de ella.

Conversaciones sobre la regla

Hablar sobre la regla es importante y bueno para la salud, pero en algunas familias
o escuelas se hace poco o no se hace.
Afrontar este tema en solitario puede re-
sultar difícil y requerir de mucha valentía.
Si es tu caso, no te desanimes. Ya sabes
que para algunos la regla es un tema tabú
porque no han aprendido a hablar de ella.
**¿Igual para empezar podéis leer juntos
este libro?**

Pobreza menstrual

Tampones, compresas, toallitas, salvaslips... Es mucho, ¿verdad? No es raro que a algunas chicas y mujeres les falte dinero para esta compra mensual. Puede pasar que en los momentos más difíciles tengan que elegir: ¿comprar compresas o comida? **En España, una de cada cinco mujeres de hogares pobres se ha planteado este dilema.**

A lo largo de la vida, una mujer que usa solo compresas desechables se gastará en ellas entre cinco mil y diez mil euros de media. A eso se suman otros gastos, por ejemplo, para analgésicos.

A veces, las chicas se avergüenzan tanto de tener la regla que no son capaces de pedir a sus padres dinero para comprarse los productos que necesitan.

¿Sabías que...?

En algunos países, las compresas, los tampones e incluso las copas menstruales son cien por cien gratuitos. Nueva Zelanda y Escocia las reparten en los institutos, ya que los Gobiernos de estos países han aprobado reformas especiales para combatir la pobreza menstrual.

En 2020, la entonces primera ministra de Nueva Zelanda, Jacinda Arden, anunció que su Gobierno había decidido tomar esta medida porque demasiadas chicas faltaban a clase por no tener dinero para comprarse tampones o compresas.

La buena noticia es que hay cada vez más asociaciones que se dedican a reunir los productos menstruales y distribuirlos entre las personas más necesitadas.

En los baños de algunas escuelas o restaurantes están disponibles compresas y tampones gratuitos. ¡Es un paso muy importante! **Fue posible porque la gente empezó a vencer el tabú de la regla. ¡Hablar sobre la regla cambia el mundo!**

Primera visita al ginecólogo

La llegada de la regla es un buen momento para la **primera visita al ginecólogo**, el médico que se ocupa de todo lo relacionado con el útero, los ovarios, la vagina y también los pechos. Durante la primera consulta te hablará de las etapas de la

pubertad y del sistema reproductor femenino. También puede responder a tus preguntas. Es como tu asesor personal en asuntos de la regla y la pubertad. ¡No suena nada mal!

Muchas chicas se sienten más cómodas si tienen **su primera consulta con una mujer, o sea, una ginecóloga**. Piensa en si el sexo del médico es importante para ti y pídeles a tus padres que te elijan a alguien que trabaje con las pacientes más jóvenes.

Durante la consulta, el médico o la médica comprobará si tu ciclo menstrual se desarrolla correctamente: te hará preguntas sobre la regla y tu estado de ánimo. Por eso, antes de la visita apúntate las fechas de tu primera y tu última menstruación.

Recuerda que durante toda la consulta puedes estar acompañada de tu madre u otra persona de confianza.

Algunos trámites

Según la mayoría de las legislaciones, tus padres o tus tutores legales tienen que consentir todas tus consultas médicas hasta que tengas dieciséis años. Si tienes cualquier problema, habla con ellos o con una persona de confianza para que te ayude.

Razones (no solo) menstruales para ir al médico

- ⊕ Aparición de la primera regla antes de los 9 años.
- ⊕ Ausencia del desarrollo de los pechos al alcanzar los 13 años.
- ⊕ Ausencia de la primera regla al alcanzar los 16 años.
- ⊕ Retraso de la regla de tres o más meses.
- ⊕ Ciclo menstrual más corto que veintiún días o más largo que cuarenta y cinco días.
- ⊕ Sangrado de la vagina anormal, dolores de bajo vientre u otros síntomas que te preocupen.
- ⊕ Regla que dura más de siete días.
- ⊕ Regla abundante, cuando tienes que cambiar compresas muy absorbentes con más frecuencia que cada dos horas y cuando tienes que cambiar las compresas también por la noche.

Muchas emociones

La regla es algo nuevo en tu vida y al principio puede ser estresante —como todo lo desconocido—. Conocer tu ciclo menstrual y saber cómo funcionar con él requiere tiempo, pero **lo vas a ir aprendiendo durante los siguientes ciclos**. Prestando atención a tu ciclo, descubrirás tu propio y único ritmo.

A muchas mujeres adultas les gusta el periodo de la regla. Es un buen momento para descansar y estar con una misma, por eso intentan organizarse para tener menos tareas durante la menstruación. Para otras mujeres es un tiempo de mayor actividad. **Lo más importante es observar tu ciclo menstrual y cómo te sientes con él.**

CAPÍTULO 8

¿Cómo cuidarse durante la pubertad?

Ya sabes que durante la pubertad ocurren muchas cosas en tu cuerpo, pero también en tu cabeza y tu corazón. Por eso es importante que, sobre todo ahora, **intentes pensar bien en ti misma, y con cariño**. ¡Tu extraordinario cuerpo hace un esfuerzo gigantesco para conducirte por la pubertad! Para ello **necesita tu apoyo y que te cuides**. Esta atención a una misma es una habilidad importante que se debería cultivar a lo largo de toda la vida.

1. ¡Que sueñes con los angelitos!

Ahora necesitas **dormir ocho o nueve horas como mínimo**. Es cuando se hace la verdadera magia: las células de tu cuerpo descansan y se regeneran, el cerebro ordena toda la información del día anterior y segrega la hormona del crecimiento —sí, ¡estás creciendo mucho mientras duermes!—, y tu sistema inmunitario se fortalece y lucha con riesgos potenciales. **¡Es verdad que dormir es sano!**

2. Ríete a carcajadas

La risa tiene algo mágico: no solo mejora inmediatamente el estado de ánimo, sino que también es contagiosa, ¡pero de manera saludable! **Intenta buscar a diario motivos para reír.** Puede ser una broma que te cuente tu madre o una anécdota que recuerdes tú misma. Cuando hables con tu amiga o tu hermano, buscad juntos motivos para reíros. ¡Los vídeos de gatitos y cachorros ayudan!

Reírte de ti misma no es fácil, pero tiene muchos beneficios. Por supuesto, con cariño y amor; ¡no lo confundas con la burla!

La risa hace que empieces a respirar más hondo. Para tu sistema nervioso es una señal de que estás segura y puedes relajarte. ¡Ufff! Además, reírte desde la barriga favorece la digestión porque masajea tus intestinos. Y te deja la tripa con una sensación agradable de relajación y ligereza. ¡Puro placer!

¿Recuerdas todavía el capítulo 1 de este libro? Tu cuerpo es tu casa, donde durante la pubertad se llevan a cabo unas grandes obras de ampliación. Para ello se necesita material de construcción, o sea, comida. **Sobre todo son importantes las sustancias que forman los huesos: el calcio y las proteínas.** Las encontrarás, por ejemplo, en el queso, los huevos, las alubias o las almendras.

Cuanta más verdura y fruta comas, mejor. Lo llamo comer un arcoíris: fruta y verdura de diferentes colores. Intenta comer cada día, por ejemplo, una manzana (rojo), una ciruela (morado), un plátano (amarillo), espinacas (verde) y una zanahoria (naranja).

¡Eso no quiere decir que comas solo fruta y verdura! La comida sirve para alimentarte, pero también es uno de los grandes placeres de cada día. Puedes experimentarlo durante las comidas centrándote en el sabor, el olor y la textura de los platos.

4. Abraza las tristezas y las alegrías

Los abrazos son el «lenguaje» antiguo que la gente usaba incluso antes de ser capaz de hablar. Es muy poderoso, porque construye un vínculo que nos une los unos a los otros, hace que nos tratemos mejor y que nos cuidemos mutuamente.

Abrazar relaja y nos hace sentir seguras. Además, según los científicos, ¡mejora nuestra inmunidad!

5. Empieza a escribir un diario

¿Recuerdas los renglones vacíos que rellenabas al principio del libro? Puedes escribirte a ti misma y a tu cuerpo más a menudo. Llevar un diario es un método excelente para ordenar pensamientos y reunir ideas. Proponte de vez en cuando apuntar en un cuaderno especial qué cambios has notado en ti o cómo te sientes. **¡También puedes dibujar o hacer un *collage*!** Conozco a muchas mujeres adultas que empezaron a escribir un diario durante la pubertad y que aún siguen haciéndolo porque es un medio importante de comunicarse consigo mismas y con sus sentimientos.

6. Identifica tus emociones y cómo reacciona tu cuerpo

En tu cuerpo sientes todas las emociones, los sentimientos e incluso los pensamientos. El enfado nos hace apretar los puños y la mandíbula mientras nuestro corazón late con fuerza. La alegría es una sensación de calor que se extiende en el vientre. El miedo provoca el impulso de encogerse y retroceder.

Es útil saber reconocer las diferentes reacciones del cuerpo y relacionarlas con las emociones que experimentamos: es un gran poder que te permitirá entenderte a ti misma todavía mejor. Si quieres practicarlo, cada día intenta escuchar y entender tu cuerpo.

Crea tu propio ritual para antes de dormir: cuando estés en la cama, concéntrate en cada parte de tu cuerpo preguntándote cómo se siente, empezando, por ejemplo, por el dedo gordo del pie izquierdo. Después de cada pregunta haz una pausa y escucha. Puede que sientas pulsaciones, calor, hormigueo, frío… o nada. Está bien: ¡al fin y al cabo, de vez en cuando a todas nos apetece estar en silencio!

7. Busca alegría en el movimiento

¿Tienes un deporte favorito y no te imaginas vivir sin él? Perfecto, ¡no lo dejes! Y, si no lo tienes, intenta buscarte una actividad que te guste. **¡Recuerda que tu cuerpo ama moverse y que fue creado para ello!** ¿O qué te pensabas? ¿Por qué crees que puedes flexionarte en casi cualquier dirección?

El movimiento alimenta tu cuerpo, le da fuerzas —¡igual que la comida!— y afecta positivamente a tu estado de ánimo porque, cuando te mueves, tu organismo produce **endorfinas: hormonas de la felicidad**.

No te desanimes si las clases de Educación Física en la escuela no te gustan o si son una experiencia desagradable para ti. No pasa nada si no te gustan los deportes de equipo o ser evaluada por hacer ejercicio: ¡está bien! Por suerte, puedes moverte fuera de la escuela: yendo a la piscina, montando en bici o monopatín, patinando...

Algunas ideas para moverte fuera de la escuela que no requieren apuntarte a ningún curso o actividad

❀ Salir a correr.

❀ Montar en bici.

❀ Saltar a la comba.

❀ Aprender coreografías de baile de YouTube.

❀ Jugar al *frisbee*.

❀ Botar la pelota.

8. Búscate tu «rebaño»

Tu rebaño número uno es la familia, pero durante la pubertad se irán haciendo cada vez más importantes tus amistades; por eso, **elige con cuidado de quién te rodeas**. Escoge a aquellas personas con las que te sientas bien y en las que confíes.

CAPÍTULO 9

¿Cuándo termina la pubertad?

Puede que con la primera regla algunos adultos te digan: «¡Enhorabuena, ya eres mujer!». Pero no es tan simple. **Recuerda que a los once o catorce años todavía no eres una mujer adulta, ¡y no tienes por qué sentirte como tal!**

La primera regla no es una varita mágica que transforma a una niña en mujer. Como ya sabes, la pubertad ocurre progresivamente, pasito a pasito. Los cambios físicos relacionados con la pubertad terminan más o menos a los dieciocho años, pero acostumbrarte a ellos puede llevar más tiempo. Aunque en prácticamente todo el mundo el decimoctavo cumpleaños se considera el principio de la adultez, en realidad es solo el inicio del camino de convertirse en una persona adulta y madura. **En cierto sentido estarás madurando toda la vida: conociéndote a ti misma, el mundo y a otra gente, y adquiriendo conocimientos, sabiduría y seguridad en ti misma.**

Habla con alguien cercano y pregúntale en qué momento sintió que era adulto. ¿Cómo reconoció que ya lo era? ¿Qué cambió? Si puedes, pregúntaselo tanto a tus padres como a tus abuelos, tíos y primos. Puedes aprender de ellos cosas interesantes y, de paso, ¡iniciar una conversación que te permita conocer mejor a tu familia!

Recuerda: cada persona
se desarrolla de manera
diferente y crea su propio
camino. ¡Tú tienes el tuyo!

Escribe aquí abajo —para ti misma— con qué relacionas el hecho de ser una persona adulta o madura:

♥ ....

♥ ....

♥ ....

♥ ....

♥ ....

♥ ....

♥ ....

♥ ....

♥ ....

♥ ....

Aquí puedes apuntar las respuestas
más interesantes de otras personas:

♥ ....

♥ ....

♥ ....

♥ ....

♥ ....

♥ ....

♥ ....

♥ ....

♥ ....

♥ ....

♥ ....

De vez en cuando, puedes volver a estos apuntes. Añade cosas nuevas que hayas descubierto. Tacha frases con las que ya no estés de acuerdo. Pasa a limpio, borra, cambia. ¡Lo que te dé la gana!

Recorre la vida con valentía y descubre todas sus dimensiones.

¡Recorre tu propio camino!

Puedes rellenar esta página
y guardártela de recuerdo

PÁGINA CONMEMORATIVA DE TU PRIMERA REGLA

Rellénala cuando tengas tu primera menstruación

FECHA:

LUGAR:

¿CÓMO ME SIENTO?

¿CÓMO FUE?

¿A QUIÉN SE LO HE EXPLICADO?

Aquí apunta tus sueños:

♥ ....

♥ ....

♥ ....

♥ ....

♥ ....

♥ ....

♥ ....

♥ ....

♥ ....

♥ ....

♥ ....

Y aquí las cosas que te gusta hacer:

♥ ....

♥ ....

♥ ....

♥ ....

♥ ....

♥ ....

♥ ....

♥ ....

♥ ....

♥ ....

♥ ....

Sitio para apuntar cosas que mejoran tu estado de ánimo:

♥ ....

♥ ....

♥ ....

♥ ....

♥ ....

♥ ....

♥ ....

♥ ....

♥ ....

♥ ....

♥ ....